AF320767

NOTICE

SUR

M. DUQUÈRE

Secrétaire général de laSociété académique des Enfants d'Apollon

LUE A LA SOCIÉTÉ

Par le Mis de QUEUX de SAINT-HILAIRE

Chancelier

PARIS

IMPRIMERIE FÉLIX MALTESTE ET Cie

RUE DES DEUX-PORTES-SAINT-SAUVEUR, 22

—

1876

NOTICE

SUR

M. DUQUÈRE

Secrétaire général de la Société académique des Enfants d'Apollon

LUE A LA SOCIÉTÉ

Par le Mis de QUEUX de SAINT - HILAIRE

CHANCELIER

MESSIEURS,

Notre Société est bien éprouvée depuis quelque temps : elle a fait des pertes sensibles ; mais, parmi ces deuils qui nous affligent, un des plus douloureux, assurément, est celui que nous cause la mort de notre cher et respectable Secrétaire général. Sa mort a été vivement sentie de nous tous, et le vide qu'elle laisse parmi nous sera difficilement comblé. Nos regrets sont encore augmentés de cette douloureuse circonstance, que M. Duquère étant mort le 10 août dernier, au moment où la plupart de nos confrères prennent des vacances, bien gagnées pour la grande partie d'entre eux, fort peu de nos amis ont pu rendre à notre Secrétaire général l'hommage de leur souvenir et le tribut de nos regrets. Cependant, je me hâte de vous le dire, notre Société, qui avait eu le bonheur de posséder pendant si longtemps M. Duquère, reçu en 1851, il y a vingt-quatre ans, et qui avait toujours su apprécier son affabilité et son aménité, sa bienveillance et son dévouement, a été représentée, à ses obsèques, par M. Riéder, M. Delisle qui le remplace au bureau, et M. Chatenet, qui a pris la parole sur sa tombe entr'ouverte et, en quelques mots bien sentis, a exprimé les regrets de notre Compagnie.

Aussi, je crois, Messieurs, être l'interprète de vos intentions et de vos unanimes regrets, en venant vous entretenir, pendant quelques instants, de la vie et de la carrière si honorablement remplies de notre cher et regretté confrère, et en faisant passer cette courte notice avant celles que j'ai préparées déjà sur deux confrères dont nous regrettons également la perte, M. Foulon et M. le colonel Lelong.

Je vais vous étonner beaucoup, Messieurs, en vous racontant succinctement la vie de notre regretté confrère, et en vous montrant, dans notre calme et placide Secrétaire général, l'une des plus constantes victimes de la politique et des révolutions successives qui ont déchiré notre pauvre pays. C'est la vérité pourtant, et j'ai, le premier, ressenti l'étonnement que vous partagez en ce moment, en lisant les courtes notes que le fils de M. Duquère, attaché au ministère de l'intérieur, a bien voulu, sur ma demande, me communiquer avec une obligeance dont je tiens de suite à le remercier. Hélas! oui, Messieurs, la vie agitée de notre confrère contraste singulièrement avec son caractère si doux, si placide, si inoffensif. Jamais homme n'eut moins de goût pour la politique et pour les révolutions, et peu d'hommes eurent plus à souffrir de l'une et des autres. Ah! je comprends maintenant, nous comprenons mieux, après avoir connu les vicissitudes de sa vie, son horreur et son appréhension pour tout ce qui, de près ou de loin, touchait aux choses de la politique; sa crainte des allusions les plus inoffensives, qui faisait de lui le gardien le plus vigilant de cet article de notre règlement qui interdit à notre Société toute discussion politique. Comme il était toujours en éveil sur ce chapitre, vous vous en souvenez! Nous nous en souvenons mieux encore, nous et ceux de nos confrères qui ont eu l'honneur de porter la parole en votre nom dans nos solennités publiques, et à qui vous avez confié la dangereuse mission d'être vos chanceliers. Aux séances préparatoires, où le discours est communiqué aux membres du bureau avant la séance annuelle, personne n'était plus assidu que notre Secrétaire général, et personne n'écoutait avec une attention plus soutenue. Il s'inquiétait peu de savoir si son nom serait mentionné, si on parlerait des petits vers faciles dont il nous donnait quelquefois la primeur, si tous les noms de nos confrères étaient soigneusement rappelés ; son esprit ne s'attachait qu'à une seule chose : défendre l'allusion politique. La phrase la plus inoffensive lui paraissait grosse d'orages, et, quand il n'avait pu la faire supprimer dans le Conseil, il ne reculait pas devant des démarches particulières et des visites personnelles pour la faire au moins atténuer. Nos anciens chanceliers, si nombreux parmi nous, doivent se souvenir de ce zèle excessif ; nous souriions quelquefois nous-mêmes de cette sollicitude inquiète et de cette susceptibilité qui, après tout, prouvaient un grand amour pour notre Société. Nous ne pouvions pas alors savoir pourquoi M. Duquère redoutait tant la politique ; nous le savons maintenant : c'est qu'il en avait été toute sa vie la victime bien innocente, et que, par une sorte de fatalité, la politique, dont il avait juré de ne jamais s'occuper, semblait, pour se venger de son indifférence, avoir juré de se rappeler sans cesse à lui en lui infligeant les disgrâces les plus cruelles et les plus imméritées. Sa vie ressemble à celle du matelot qui, dans un frêle esquif, est le jouet des vents et des tempêtes, que la tourmente éloigne chaque fois qu'il semble près de toucher le rivage ; qui, rejeté en pleine mer, voit sa barque, longtemps ballottée par des vents et des courants contraires, se briser sur les rochers, au moment où il croit avoir enfin touché le port, et qui meurt au milieu de cette mer écumante, toujours agitée, même lorsque la surface en paraît tranquille, et où ce calme passager n'est que le court moment de repos entre la tempête de la veille et celle du lendemain.

Vous allez en juger par vous-mêmes, Messieurs, et, d'avance, je demande pardon à l'ombre de notre cher et vénéré Secrétaire général si je vais être forcé, en racontant sa vie si agitée, de faire quelques allusions à la politique et aux révolutions qui ont trop souvent remué notre pauvre pays de France depuis le commencement de ce siècle. S'il eût été encore à cette place, où nos regards et nos cœurs le cherchent en vain et le chercheront longtemps encore, tant il s'était identifié avec ces fonctions de Secrétaire général, qui étaient devenues pour lui des fonctions de Secrétaire perpétuel, moins le nom, il eût été bien malheureux en ce moment pour deux motifs : d'abord, à cause de sa modestie qui était aussi grande que sincère; ensuite, à cause des noms ou des faits que sa carrière me forcera à rappeler, et dont le seul énoncé aurait suffi à le faire trembler.

M. Duquère (Pierre) naquit à Bordeaux, le 10 janvier 1796, trois mois après l'installation du Directoire (4 novembre 1795). On sortait à peine de la grande tourmente de la Terreur, qui avait englouti dans son tourbillon non-seulement le trône, mais la vie du roi, de la reine et des princes de la famille royale qui n'avaient pas émigré. Pour ne mentionner qu'un seul fait se rapportant au mois même qui précéda la naissance de notre Secrétaire général, rappelons que, le 10 décembre 1795, parut un décret portant un emprunt forcé de 600 millions ; le numéraire avait entièrement disparu de la circulation, et les assignats étaient tombés dans un tel discrédit qu'un louis d'or se vendait jusqu'à 30,000 francs en papier. Les premières années de la vie de M. Duquère se passèrent dans sa ville natale, et le seul bonheur politique que l'on puisse mettre à son actif c'est, n'ayant eu 18 ans qu'en 1814, d'avoir pu ainsi échapper, par son âge, à la conscription qui enlevait presque tous les hommes en état de porter les armes. A cette époque, vers 1814, il vint à pied de Bordeaux à Paris, n'ayant pour tout bagage qu'une ferme volonté de bien faire et de parvenir par son intelligence et son travail ; cependant, dès cette année, commence son rôle de victime de toutes les révolutions dont il a été le témoin et qui, non contentes d'abattre les chênes superbes, renversent chaque fois aussi l'humble roseau qui plie et qui courbe le dos.

Dans les premiers mois de cette année 1814, l'Empire, quoique bien ébranlé intérieurement, semblait encore doué d'une grande vitalité, soutenu qu'il était par la personnalité d'un homme du plus vaste génie et du plus grand capitaine des temps modernes. M. Duquère, grâce à quelques protections importantes qu'il rencontre dans le parti impérialiste, trouve un emploi, modeste il est vrai, mais plein d'avenir, au Musée d'artillerie. On reconnaît ses qualités, on apprécie son zèle, on songe à lui donner un avancement mérité; les événements de 1815 éclatent, et cette administration est dissoute. M. Duquère, rejeté sur le pavé, est obligé de chercher un nouvel emploi ; on s'occupe de lui, et ses protecteurs (c'étaient peut-être les mêmes personnes qui, sous le gouvernement impérial, l'avaient fait entrer au Musée d'artillerie), lui trouvent une position honorable au cabinet de M. le duc d'Angoulême. Il y reste 15 ans ; puis, tout à coup, 1830 arrive, et le voilà, une seconde fois, obligé de se chercher une nouvelle situation. Il en trouve une, précaire il est vrai, dans les bureaux de la loterie ; peu de temps après, à la suite des débats de la Chambre, l'administration de la loterie est supprimée : le courage de M. Duquère n'est pas abattu par tant d'échecs. Enfin, grâce à sa persistance que rien ne lasse, grâce surtout à son expérience des affaires, à sa probité, à son zèle, à son honorabilité, il obtient la faveur d'entrer, comme simple employé, au ministère de l'intérieur, le 12 avril 1832. Il avait 38 ans. Là, son mérite et ses qualités personnelles sont vite reconnus et appréciés. En peu d'années, passant par tous les degrés de la hiérarchie, il devient chef de bureau du cabinet du ministre, qui était alors, mais pour peu de temps, M. Thiers, le 7 mars 1839, et le 30 avril 1844, il est nommé chevalier de la Légion d'honneur. Il lui semblait que cette position, si péniblement, si difficilement acquise, il allait la conserver toute sa vie, et que son avancement, aussi rapide que mérité, lui présageait d'arriver dans un avenir rapproché au dernier grade de son service ; il lui semblait surtout que la France était à l'abri de nouvelles révolutions sous une monarchie que La Fayette avait présentée au peuple comme la meilleure des républiques, avec un souverain honnête qui était père de nombreux enfants : c'était compter sans l'imprévu, auquel il faut toujours s'attendre en France. Un nouveau, sinon un dernier orage, va fondre sur lui le 24 février : la Révolution de 1848 vient détruire encore tout cet

échafaudage de travail et de persévérance et force brutalement
M. Duquère à prendre une retraite prématurée. Fatigué de toutes
ces secousses, on le serait à moins, et le cœur rempli de chagrins
domestiques, il se tint désormais à l'écart, se livrant à d'autres
études, à la poésie, à la littérature, qui ne donnent pas les décep-
tions que réserve la politique, et, en 1851, il vint vous demander,
Messieurs, de lui faire l'honneur de l'admettre parmi vous. Il
fut reçu dans notre Compagnie le 12 octobre de cette année 1851 ;
et depuis ce temps, personne, vous le savez, ne fut plus assidu
à nos séances. En 1855, mourut notre Secrétaire général,
M. Hippolyte Van der Buch, qui avait été nommé deux ans
auparavant, en 1853, en remplacement de M. Taskin. M. Duquère fut élu à sa place.

Je n'ai pas besoin de rappeler devant vous l'exactitude scru-
puleuse avec laquelle il a toujours rempli ces modestes mais
importantes fonctions, ni la délicatesse excessive qu'il mettait à
ne froisser jamais personne, ni l'habileté pleine de grâce avec
laquelle il s'entendait à varier les éloges qu'il distribuait si libé-
ralement à chacun de ses confrères. Sous ce rapport, ses
procès-verbaux resteront des modèles, et il a légué une tâche
difficile à celui d'entre nous qui sera désigné pour le remplacer.
Je n'ai pas non plus besoin de rappeler à votre souvenir les
petits vers agréables qu'il nous lisait avec complaisance, à nos
séances ordinaires, ni les pièces plus longues qu'il prenait soin
de nous préparer pour chacun de nos banquets annuels ; il n'a
jamais manqué à ces réunions solennelles, et il eût cru faillir à
un devoir, en ne nous servant pas ce dessert poétique sur lequel
chacun de nous comptait, certain qu'il ne nous manquerait
pas, et qui avait toujours un égal succès, auquel du reste tout
le monde s'attendait ; je dis *tout le monde*, car je n'en excepte
pas même l'auteur, qui savait les applaudissements qui lui étaient
réservés et auxquels il souriait d'avance, soulignant par un cligne-
ment d'yeux sous ses lunettes, et par un sourire malin, le trait
qu'il nous préparait.

M. Duquère aurait été en droit de croire qu'après tant de
secousses, la fortune ennemie avait renoncé à le persécuter, et

qu'il avait enfin réussi à la désarmer par sa patience, sa sérénité et sa douce philosophie. Hélas! il n'en était pas ainsi, et la pauvre barque de notre ami, cette barque qu'il croyait solidement amarrée au port, à l'abri des vents et des flots, devait être arrachée une dernière fois, par un ouragan plus terrible que tous les précédents, un véritable cyclone, qui allait la jeter sur des rochers où cette fois elle devait se briser, laissant son nautonier à la merci des flots. Mais hâtons-nous de le dire, si les événements de la politique ont pu persécuter M. Duquère sans trêve et sans relâche, ils n'ont jamais pu abattre sa constance ni troubler sa philosophie douce et sincère. Comme notre illustre doyen, duquel il se rapprochait par l'âge, il s'est toujours montré supérieur à tous les événements qui l'ont frappé, à toutes les révolutions qui s'obstinaient à le poursuivre.

Depuis 1848, M. Duquère vivait tranquille dans une modeste retraite, content de peu, ne demandant rien à personne, se livrant avec bonheur au culte de la poésie et de l'amitié; les tempêtes parlementaires ne l'atteignaient plus, ne pouvaient plus l'atteindre; échappé au naufrage, il regardait de loin, et du rivage, la mer agitée, content de son sort, et savait résister aux fallacieuses promesses de son calme trompeur. Pour s'écarter même davantage du centre de la politique qui lui avait été si funeste, il s'était éloigné de Paris et était allé s'établir à la campagne, en province, pas bien loin de ce Paris où le ramenaient sans cesse ses affections de famille ou ses relations d'amitié, mais partant hors des fortifications, à Neuilly. Il avait secoué la poussière de ses souliers sur la grande ville, pleine toujours de tumulte, de bruit et de mouvement, et là, calme, tranquille, heureux dans un petit cottage attenant au bois de Boulogne, cultivant de ses mains un modeste jardinet, il pouvait s'écrier, avec l'homme des champs d'Horace :

> *Beatus, ille qui, procul negotiis,*
> *Ut prisca gens mortalium*

mais il s'arrêtait là; car il n'avait pas même de domaine à labourer, ni de bœufs à conduire. Il se croyait donc désormais en pleine sécurité, en pleine paix; c'était là que la fortune l'attendait.

La guerre de 1870 éclate, et ses désastres, dont je n'ai pas besoin de vous entretenir. Vous avez tous, présent à la mémoire, le souvenir de ces temps douloureux. Puis vient le siége de Paris, un long siége de cinq mois. M. Duquère est obligé de quitter ses pénates précipitamment, sans rien emporter, pour n'être pas pris entre Paris qui se ferme, et l'ennemi qui l'entoure; le siége se passe, et la guerre se termine par la triste paix que vous savez; c'est une quatrième dynastie que M. Duquère voit disparaître dans le tourbillon des révolutions; mais cette fois, c'est bien fini; l'ennemi se retire. Notre ami revient, en tremblant, chercher sa maison. Existe-t-elle encore? A-t-elle échappé à ces ruines accumulées? Oui! oh bonheur! la voilà; elle est intacte. Les vieux arbres de l'avenue de Neuilly ont été renversés, les grands bâtiments ont été rasés, mais on n'a pas touché à la maisonnette; le jardin est inculte, mais on peut lui rendre sa grâce première, et M. Duquère se met à l'instant même à l'œuvre. Un mois plus tard, le canon tonnait de nouveau, et ce n'était plus d'un seul côté qu'était menacée l'humble maisonnette, prise, par sa position, entre les barbares de la Commune, retranchés dans Paris, et l'héroïque armée de l'ordre qui venait délivrer une seconde fois la capitale de la France. Cette fois, la maison ne fut pas épargnée; placée entre deux feux, exposée de tous les côtés, prise et reprise d'assaut, qu'en restait-il debout au moment où M. Duquère la revit? Presque tous ses papiers avaient été ou volés ou détruits; son mobilier, si modeste, avait été en partie anéanti par les bombes; du pauvre jardinet, il ne restait plus rien. La constance et la fermeté de notre ami purent surmonter encore ce désastre, le plus grand de tous ceux qui l'avaient atteint jusqu'alors, et cette fois encore il se montra supérieur aux événements; la fortune adverse avait pu le frapper, elle n'avait jamais réussi à l'abattre. Il resta calme et souriant devant ce nouveau désastre, comme notre illustre doyen, M. Gatteaux, en présence d'un désastre aussi considérable, mais bien plus terrible encore, puisqu'il détruisait des collections d'objets d'art, qui sont du domaine de tous, et qui représentaient toute une vie de recherches et de travail. Pour se consoler, M. Duquère réunit en un volume, qu'il intitula *la Mosaïque*, les poésies qu'il avait faites pour nous, pour nos banquets et pour des solennités de famille. Nous les retrouvons là, toutes ces jolies et gracieuses pièces de vers qui sont restées dans notre souvenir, sinon dans notre mémoire, portant chacune leur date : et nous pouvons voir que depuis 1852, année de sa réception, il n'a pas manqué une seule fois de nous payer son écot poétique. C'est un agréable souvenir que nous garderons de cet homme si bon et si affectueux.

Enfin, sans secousse, sans maladie, même sans affaiblissement, il s'est doucement éteint, entouré de l'affection de tous les siens, le 10 août 1875, n'ayant guère cessé qu'une fois ou deux de venir régulièrement à nos séances mensuelles, auxquelles il était toujours d'une assiduité exemplaire. Nos confrères, qui s'étonnaient de ne pas le voir à sa place, en demandant de ses nouvelles, apprirent tout à coup qu'il n'était plus.

La mort avait été pour lui plus clémente et plus douce que la vie.

Vous voyez, Messieurs, si notre regretté Secrétaire général avait raison de redouter, à l'égal de la peste, la politique qui s'obstine parfois à persécuter ceux qui ne demandent qu'à ne pas s'occuper d'elle, et combien nous avions tort, nous qui n'en avions jamais souffert, de sourire de ses justes appréhensions.

Et, comme toute chose ici-bas doit avoir sa moralité, permettez-moi d'ajouter un simple mot. Je sais que je parle devant des hommes qui sont tous conservateurs, dans le sens le plus large du mot; eh bien! laissez-moi vous dire que je le regrette presque, ce qui va vous surprendre. Oui, je voudrais que vous fussiez tous des révolutionnaires, ne voulant que le bouleversement de toutes choses, pour vous montrer le danger des révolutions dans le simple récit de la vie de M. Duquère, et pour pouvoir vous répéter ce qu'un vieux paysan, un rural, de mon beau pays de Flandre, disait devant moi, cet automne, à des bûcherons qui s'occupaient d'abattre un grand et fort chêne : — « Vous voulez abattre ce bel arbre! vous avez sans doute vos raisons pour cela, et vous vous en croyez peut-être le droit. Mais avez-vous songé au nombre de siècles qu'il a fallu pour que cet arbre, d'arbrisseau

qu'il était, devint le chêne que vous voyez, et qui couvre et protége de son ombre tous les alentours? Les vieux arbres ne s'im-
provisent pas plus que les vieux amis; et quand il ne sera plus là,
quand quelques coups de vos haches, ce qui est bien facile, l'au-
ront fait disparaître, par quoi remplacerez-vous son ombrage,
qui vous est si utile et si nécessaire? Enfin, avez-vous réfléchi
que sa chute va écraser tous ces brins d'herbe qu'il protége, qui
ne demandent qu'à vivre, et ces jolies fleurs qui s'épanouissent
au soleil? » Les bûcherons, sans même l'écouter, renversèrent
l'arbre à coups répétés de leurs brutales cognées, et les pauvres
violettes furent écrasées.

Paris. — Imp. Félix Malteste et Ce, rue des Deux-Portes-Saint-Sauveur, 22.

www.ingramcontent.com/pod-product-compliance
Lightning Source LLC
LaVergne TN
LVHW050240060726
842525LV00007B/2763